かみさまに、どうしても聞きたい 30 のこと。

ドゥーガル・フレイザー

すみれ

かみさまに、どうしても聞きたい30のこと。

かみさまって、いるのかな、
そんな風に、考えていると、
声が聞こえてくる。
まるで、すぐそばにいるみたいに。

人間は、ひとりで生まれて、
ひとりで生きていく。
友だちだっているけれど、

どこかでひとりで、自分の人生を背負いながら
ときに、笑顔、ときに、うつむいたりして。

いろいろな日々の出来事のなかで、出会うこと、
いくらアタマで考えても、理解できなかったり、
不公平に感じたり、悲しみに暮れたりすること。

そんなことも、ときにはあって。

正解や理由を求めたり、
生きてきた意味を探したり、
ただしく生きるって何かな、って考えたり、
もしくは、
私たちがどこへいくのか……
そんな壮大なことを巡らせたりする。

「いっそ、かみさまと話せたらな……」
「直接、聞くことができたらな……」

うん。できるよ。

この本は、「どうしても聞きたい」30の質問を
かみさまとお話しできるふたりの著者が、
かみさまから直接聞いて、まとめたもの。

いままで、どうしてもわからなかった、
「人間のこと」
「人生のこと」
「生まれてきた意味」や「人間社会」のこと、
それから、
「身体がなくなった後のこと」や
「雲の上のこと」まで……

全部、かみさまが答えてくれた。

きっと、新しい気づきがいっぱいあるはず。

Profile

ドゥーガル・フレイザー

LA在住、生まれながらのサイキックでわずか8歳でセッションを開始。20歳でダラスのベスト・サイキックに選ばれ、以来アメリカの人気TV番組に度々出演。

オーラ・リーディングをしてきたその数、数千人以上。思うままに人間関係や運命を引き寄せる、独自のカラーシステムを明らかにした。

オープンで親しみやすい人柄と、ユーモアセンス、卓越したカラーリーディング能力で、共演する大物セレブたちをつぎつぎと魅了。

有名雑誌『Spin』や『The New York Post』でも全米トップレベルのサイキック・コーチとして紹介され、初の自著『But You Knew That Already』はまたたく間にベストセラーになっている。

Profile

すみれ

2007年生まれ。
生まれた時から、かみさまや天使さんなど、見えないけれどひとりひとりを見守ってくれている存在たちと話ができる小学6年生。
ママのお腹に入る前のことを全て憶えており、お腹の中のあかちゃんとも話すことができる。
胎内記憶をテーマとするドキュメンタリー映画、『かみさまとのやくそく』に出演し、全国のママたちの間で話題の小学生となる。
現在、母娘で全国を飛び回り、子育てに悩むママはもちろん、企業経営者などにも幸せを届けている。
不定期で開催しているトークショーでは、発する言葉と歌の深さに聴衆の心を震わせている。

もくじ

- Q 01　人間は生まれる前どこにいるの？
- Q 02　ママを選んで生まれてくるって本当？
- Q 03　男に生まれる、女に生まれるって自分で決めるの？
- Q 04　死んじゃったらどこにいくの？死ぬって悲しいこと？
- Q 05　一見、不幸に見える人もいるけど、神様が決めているの？
- Q 06　障がいやハンディキャップを背負って生まれてくる理由は？
- Q 07　前世ってある？　何度生まれ変わるの？
- Q 08　今の人生にミッションってある？それは探さなくちゃいけないの？

Q 09 　ソウルメイトっているのかな？
　　　　必ず出会えるもの？

Q 10 　親子の関係って、
　　　　人生が終わってもつづくもの？

Q 11 　お祈りや、神社にはいかなきゃだめ？
　　　　ご利益って誰がきめるの？

Q 12 　亡くなった人とも繋がりあえる？
　　　　身近に感じる方法ってある？

Q 13 　魂を輝かせるために、心がけることや、
　　　　した方がいい習慣ってある？

Q 14 　悲しい出来事がめぐってきたら、
　　　　どう考えればいい？　なぜ起こるの？

Q 15 　神様がいちばん喜んでくれることって何？
　　　　逆に嫌がられることって何？

Q 16　自分に自信が持てない時、自分が嫌いな時、
　　　 どうしたらいい？

Q 17　「人間」にとって、いちばん大切なことって何？

Q 18　なんで犯罪者って、でてくるんだろう？

Q 19　資本主義社会が、地球や環境を破壊している。
　　　 このままで大丈夫かな…

Q 20　人と比べたり、ねたんだり、うらんだり、
　　　 なんでそんな感情を持って生まれてきたの？

Q 21　「人間」は神様になれる？
　　　 神様はどこからきたの？

Q 22　幸せって、どういうこと？

Q 23　過去、過ちを犯してしまったら、
　　　 どうやって償えばいい？

Q 24 明るい気持ちになれない時、落ちこんじゃう時、
     どうしたらいいの？

Q 25 戦争はなくならないの？

Q 26 動物は食べてもいいの？

Q 27 「人間」として、
     ぜったいしちゃいけないことってある？

Q 28 堕胎ってゆるされるの？
     赤ちゃんは納得してるの？

Q 29 罰が当たるって本当にある？

Q 30 一見、人は不平等に見えるけど、
     神様はそれでいいの…？

Q01

kamisamani doushitemo kikitai 30 nokoto

人間は生まれる前どこにいるの？

ドゥーガル

生まれる前の私たちは純粋な「エネルギーそのもの」なんだ。これをまず伝えておくよ。

科学の世界ではエネルギーは破壊することも創造することもできないとされているね。これは熱力学の大原則だ。エネルギーはただ、ひとつの形態から他の形態へ、変化もしくは進化することだけが可能で、その逆はない。誕生から死までが一方通行なのと同じように、魂は進化することしか知らないんだ。

私たちの「魂の仕事」とは、宇宙と創造主の調和の中に生きることに他ならない。私たちは皆生まれながらに、愛に満ちたエネルギーのネットワークの一部分なんだね。

そんな私たちが肉体を持った存在として、つまり人間として「誕生」を決める理由を教えよう。それは、もっと深い英知を得るために学ばねばならないレッスンが、この地球という惑星にはあるから——つまり、これらのレッスンを通して「自分とは何者か」「この宇宙の市民として私たちが演じる役割とは何か」について学び得るものがあるからこそ、人間として生まれるんだね。

一旦これらのレッスンを学んでしまえば、エネルギーは肉体を離れた後でさえも、更に進化の道を辿って成長していくことができるんだよ。

すみれ
人間は生まれる前、「かみさまの国」という場所にいたの。かみさまの国は、かみさまや、天使さん、魂が住んでいる

所。かみさまの国は、雲の上にあるっていうより、宇宙にあるイメージなんだ。

それから、かみさまの国はひとつではないよ。何個も何個も国がある。地球上にアメリカや日本のような国がそれぞれあるように、かみさまの国もいっぱいあるんだ。

かみさまの国にも、地球のように、いろいろなものが揃っているよ。たとえば鏡や学校なんかも揃ってる。学校には魂たちが通っている。

そこで、「地球ではこんなことをする」とか、「生まれたら何がしたいか、しなきゃいけないか」とか、いろいろなことを学んでいるよ。

魂年齢がより上位の魂に、経験したことを話してもらったりする授業もあるんだ。

かみさまの国は、とても楽しい。

かみさまの国は、とてもすごい。
かみさまの国は、とてもいいところ。

でも、ひとつだけ地球に勝てないところもある。
それは、地球のほうがもっとさまざまな経験ができるということ！

かみさまの国は楽しいし、すごいし、いいところだけれど、いちばんの違いは、地球は「魂の年齢を上げることができる場所」だってこと。だからそのためにいろいろな経験ができるんだ。

かみさまの国も地球も、魂にとっては、なくてはならない大事な場所なんだね。

Q02

kamisamani doushitemo kikitai 30 nokoto

ママを選んで生まれてくるって本当？

ドゥーガル

母親や家族だけじゃなく、私たちは自らのソウルグループも選んで生まれてくるよ。たいていは何回かの転生を経て、魂たちは肉体を持って生まれてくる。彼らは演劇の世界の役者のように、コロコロと役割を変えるんだ。

今世の私たちの母親は次の転生では私たちの子どもになるかもしれないね。私たちは親から子、友人から配偶者へと役柄を変えていく。そうすることで、これまでの転生から持ち越したレッスンを体験するしくみなんだ。その経験は私たちにあらたな視野を与えてくれるからね。

たとえば、あなたの母親があなたに批判的なら、過去世では あなたが彼女に対して、非常に批判的だった可能性がある よ。役柄を入れ替えることによって、自分の態度が相手に、 どれほど、影響を与えるかを学ぶ機会となるし、だからこ そ、私たちは進化し成長することができるのだから。

人生に最も影響を与えることのひとつである「生みの母親 を選ぶ」その時、それは同時に、自分の魂の成長への神聖な 約束事でもあるんだね。

すみれ

これは、本当！ でも、選ぶのは、ママだけじゃないんだ よ。パパを選んで生まれてくる子もいるし、ママとパパを選 ぶ子もいるし、近所の人とか、親戚とか、おじいちゃんやお ばあちゃんを選ぶ子もいるよ。

ちなみに、私自身のことを話すと、私はママを選んでいな い。誰も選んでいないよ。かみさまに、「このママの所に行 きなさい」って言われたから、かみさまに言われた通りに、

ママの所に来たの。かみさまは、「この人は、私の使命を手伝ってくれるから、このママの所に行きなさい」って言ったんだ。使命っていうのは、「かみさまのことをいろいろな人たちに伝えること」だよ。

でもね、どんなにかみさまに言われても、嫌いなママの所にはみんな行かない。かみさまが選んだママを見て、「いいね」って納得したから、ママのお腹に入ったんだ。

話を戻すね。

あかちゃんの中には、うっかりすべってしまって、ママのお腹の中に入っちゃった！って子もいる。でも、たとえ、すべってママのお腹の中に入っちゃったとしても、それって偶然じゃない。

全部、必然！ なんだ。

たとえ、予想していないことが起こっても、それは必然。す

べってママのお腹の中に入ったとしても、そのママの所に行く必要があったからそうなったってこと。

どんなきっかけで、お腹の中に入ったとしても、そのママのことが好きだってことは、みんな共通。どんなきっかけでも、最終的にはママを選んでいるっていうか、納得しているんだよ。だから、「自分でママを選んでいる」って、本当だと考えてる。

子どもが自分で選んでくれたって思えたら嬉しいよね！
子育てって大変だと思う。でも、自信をもってね！
その子は、あなたを選んで生まれてきました☺

Q 03

kamisamani doushitemo kikitai 30nokoto

> 男に生まれる、女に生まれるって
> 自分で決めるの？

ドゥーガル

男の子に生まれるか、女の子に生まれるかを、私たち自身が自由に選んでいるとは思わない。性別は肉体という次元では重要に見えるかもしれないけど、宇宙にとってはみな同じひとつの「エネルギー」に過ぎないのだから。

では、どうやって男女の差は生まれるのだろう？　どこでその決定がなされるのだろう？　そのしくみはこうだよ。魂が転生し、人間に生まれ落ちるとき、その人生で学ぶべきテーマが決まるんだ。エネルギーの成長のために学ぶべき経験が確定する。その内容に沿って、男女の別も決まるとい

うルールだね。男性に生まれるか女性に生まれるか、実際にそれを体験すること以外に、真実の学び、成長はありえないという理由から、そうなっているんだ。

すみれ
男に生まれるか女に生まれるかは、自分で決められると思う。上の世界（生まれる前、魂の居場所）で決めちゃう子もいれば、ママのお腹の中に入ってから決める子もいる。

ママのお腹の中で決める子は、男と女、どっちで生まれたら、ママとパパが喜ぶかを考えて決める子が多いよ。やっぱりあかちゃんも、ママやパパに喜んでもらいたいって気もちがあるから。

あかちゃんってこんな風にいろいろなことを考えてる。ママやパパが思う以上に考えてる。すごいでしょ！
「こんなことしたらママやパパが喜んでくれるかな？」とか……。ちゃんとあかちゃんたちが考えてるってわかったら、ママやパパも嬉しいよね！　ちゃんと愛してあげてね☺

Q04

kamisamani doushitemo kikitai 30nokoto

死んじゃったらどこにいくの？
死ぬって悲しいこと？

ドゥーガル

死は、故人を慕い、その死を悼む「残された人たち」にとってのみ悲しいものだと思っているよ。なぜなら死後の私たちの魂は、最も純粋なエネルギーの形に還っていくのだから。それは本当に美しく完璧。そこに還った時、私たちは過ごし終わった人生の学びを完全に理解できるんだ。

魂の成長のために、より優れた対処法を含め、死後も魂は学び続け、理解を深めていくもの。その意味では、私たちはもはや、肉体に拘束されることなく、成長を続ける存在と言えるよね。そして、この成長の過程のどんな時にも、私たちは平安に満たされているよ。

人間の脳が死を恐れるのは、ただ肉体という機能の終焉であるからに過ぎないよ。脳は私たちが物質世界に生存するのを助け、その世界に生き続けたいと望むよう設計されているからね。動き続けるPCの「ハード・ディスク」のようなものだよ。

それが私たちの意識や、あらゆる社会状況への対応をコントロールしているんだ。物質世界でうまくやっていけるよう助けてくれているんだね。

死後に、私たちがエネルギーそのものに変容すると、魂は「人生における自分」としての役割を終える。そして、私たちが持つ「自分」という感覚は、純粋な喜びと愛の光を伴って、宇宙全体と繋がっていくんだよ。

すみれ

亡くなったら「かみさまの国」っていう場所に行くよ。かみさまの国は、魂やかみさま、天使さんがいる場所。でも、その国はひとつじゃないんだ。それこそ、かみさまの国はいっ

ぱいある。かみさまの国もいっぱい、星みたいにたくさんあるんだよ。

「死ぬ」っていうことは、魂にとってみると、今世と来世との間の休憩みたいな感覚ね。かみさまの国に行けば、休憩はいっぱいできるんだ（笑）。

だから、魂的には、悲しいことではない。
これは覚えておいてね。

普通に生きている人からしたら、悲しいことだよね。大切な人が亡くなるっていうことは悲しいことだから、泣いてもいいよ。

でも、まず、
「お疲れ様！」って言ってあげて。
そして、
「ありがとう」って……。

Q05

kamisamani doushitemo kikitai 30nokoto

一見、不幸に見える人もいるけど、神様が決めているの？

ドゥーガル

一部の人たちが不幸せな人生を送るよう神が決めているとは思わない。そんな不公平は神の概念にはないよ。

不幸な気分とは、私たちのハイアーセルフからのメッセージ、サインと捉えるべきもので、それにどう対処し、感情を整理するかを学ぶ機会なんだ。そう、スピリチュアルな繋がりによってもたらされるんだよ。そうすることで、一見、不幸な出来事から魂の成長を図っているんだね。

もし仮に、常に不幸な人がいるとしたら、その人は、変わら

ない自分の現状を顧みて、より幸せになるために取りうる選択肢がないかどうか、立ち止まって考えてみる時かも知れないね。それもまた魂の学びに繋がっていくよ。

すみれ

かみさまは、それを決めていないよ。
かみさまは、ただ、幸せを与えている。
それが見えなくなる時は、その人が幸せを見逃しているだけなんだね。

あと、「不幸、不幸……」って思い続けたら、もっと不幸になるだけ。自分の言葉は、いちばんの薬になる！

そう、「自分が、とっても幸せ！」って思えば、ちゃんと幸せになるんだよ。

幸せを見逃さないためには、地に足をつけて、ひとつひとつ立ち止まること。きちんと立ち止まって周りを見れば、幸せがあちこちにあるはずだよ。それを見逃さないで☺

kamisamani doushitemo kikitai 30nokoto

障がいやハンディキャップを背負って生まれてくる理由は？

すみれ

理由は人それぞれ。「経験したいから」っていう子もいるし、「治すのが楽しいから」っていう子もいる。お腹の中にいる時に、障がいになっちゃったって子もいる。いろいろなんだ。

でも、ほとんどの子の魂って、すごい前向き！
「こうしたら治るかな？」とか、ママが「私のせいだ」って悩んでいたとしても、「これを食べれば治るかな？」ってちゃんと考えている子もいる。一見そうは見えなくてもね。

ママは、「私のせいだ」って思っていても、「ママのせいで自分はこうなった」なんて思うあかちゃんはいないよ。

たとえ、お腹の中で障がいになってしまった子でさえも……。

あかちゃんは、誰のせいにもしない。
ただ治すことしか考えていない。
前だけ向いているの。

だから、ママも一緒に考えてあげて。
治すことを……手伝ってあげてほしい。

ママたちは「自分のせいだ」って思っちゃダメ！
だって、これから先はまだまだ長くて、その長い道を、その子を守りながら一緒に歩んでいくんだよ。

過去を振り返ったり、悔やんでいる時間なんていらないよ。

Q07

kamisamani doushitemo kikitai 30nokoto

前世ってある？
何度生まれ変わるの？

ドゥーガル

魂は何度も人生をめぐり、それを繰り返すよ。毎回毎回、人生を経験するごとに学びを深め、進化を続けるんだ。より真実に近い認識を獲得するための手段として、「経験」は存在する。だから、私たちが輪廻する人生の回数は、学ぶ必要のあるレッスンの質量によって変わってくるんだね。

過去世の経験は、あなたの魂に強烈な影響を残していく。そして、生々しい夢やデジャブ（既視感）体験として、人生に現れてくるはずだ。ただ安心してほしい。その影響による刷り込みは、ポジティブなものでもネガティブなものでも、魂

の学びそのものに繋がっていくのだから。

すみれ
前世はあるよ。でも、この地球に、初めて生まれる子（前世がない子）も、なかにはいる。魂は、何度も生まれ変われるから、何回も何回も生まれ変わって、たくさんたくさん経験を積んで、魂年齢を上げていくんだ。

「魂年齢を上げたところで、そんなの意味がない」って思う人もいるかもしれない。でも、それは違うよ。いろいろな経験をして学んだことを、次の新しい魂に教え、最終的には「地球を良くする」ということに繋げていくってこと。だから、自分が経験したことは、死んでしまったら終わりではなくて、ちゃんと受け継がれていくんだよ。

それこそ、地球を今より良くするために、とっても必要なことなんだ！　あなたが経験したことは、何ひとつ無駄じゃないんだよ！

Q 08

kamisamani doushitemo kikitai 30nokoto

> 今の人生にミッションってある？
> それは探さなくちゃいけないの？

ドゥーガル

多くの人が、人生の使命を、「仕事のキャリア」のような壮大なものに結びつけがちだよね。これはよくある誤った概念だよ。そうではなくて、人生の使命とは、魂の進化のために、私たちが学ぶ必要のある全てに関連しているんだ。

私たちはこの惑星で、深遠な学びを与えてくれる出来事や、出会ったことのないチャレンジに遭遇するよね。一見それは、人間社会の厳しさのように映るかもしれない。でも、そうではなく、私たちがそれに対応すること、他の人たちと関わり合いを持つこと、そのものが魂の学びなんだ。

人生の使命とは、私たちがこれらの状況にどう対応し、どう反応するか、ただそれだけなんだよ。つまり、良き学びのためにどう行動するかということだね。

すみれ
ミッションはあるよ。ミッションに気づかなくても大丈夫。それは行動していればちゃんと向こうから寄ってくるもの。そのミッションはたいてい簡単じゃない（笑）。簡単そうだけど難しいミッションが寄ってくるの。

そのミッションは、あなたにとって、今世、必要なミッションだから寄ってくるのであって、あなたに必要でなければ、寄ってこない。だから、あなたはそのミッションをクリアしなきゃいけない！　だってあなたのミッションだから！

それと向き合わずに見逃しながら進んでいると、人生を前に進めていると思っていても、実はまったく前進できていなかったりする。そんな時は立ち止まることも必要。しっかりと現実のその壁を乗り越えて！

Q09

karisamani doushitemo kikitai 30nokoto

> ソウルメイトっているのかな？
> 必ず出会えるもの？

ドゥーガル

人間は誰でも、ソウルメイトを持つ可能性があるとは思うけど、毎回の転生で、必ずしもロマンチックなソウルメイトが存在するとは限らないんじゃないかな。

たとえロマンチックなソウルメイトではないにしても、私たちには多数のソウルメイトがいる可能性があると理解することは重要だよ。ソウルメイトは恋人、友人、さらには家族の一員としても登場するのだから。

ソウルメイトってなんだろう。

それは、あなたと同種類の学びが必要な人のこと。だから、お互い、多くの重要な部分を共有しているんだね。

極論、本当にウンザリさせられる人であっても、その人の存在によって、人生の大きな学びを得ることができるなら、その人はソウルメイトかもしれないんだよ。

ソウルメイトと繋がった時、あなたの波動は上昇し、本当の自分自身の姿に近づいたことに気づくはずだよ。最高の波動を共鳴しあえるソウルメイトとの関係は、私たちにとって最もパワフルで特別な体験として現れるんだ。

Q **10**

kamisamani daushitemo kikitai 30nokoto

親子の関係って、人生が終わってもつづくもの？

ドゥーガル

親子関係を含め、あらゆる関係は継続していくよ。私たちは転生を繰り返しながら、より純粋なエネルギーへと変容していく。

私たちが前世で縁があった人と再会する時、その立場は入れ替わっているかも知れないね。どういうことかって？ 自分が相手をどう扱い、どう接してきたのか、この時、よくわかるんだよ。相手は自分の振る舞いが私たちにどう影響したのかを同じように理解する。この、「お互いの役割を理解する」ことで得られる英知こそ、最もパワフルな学びに間違いない。親子関係だって例外じゃないんだ。

すみれ

続く人と、続かない人がいるよ。来世に会う人もいるし、会わない人もいる。かみさまの国で会う人もいれば、会わない人もいる。来世に出会う時に、また同じ親子になったり、友だち同志に変わったり、兄弟になったりもする。

たとえ、今世の繋がりが深い関係だったとしても、来世もまた絶対に繋がるかというと、それはわからない。繋がる場合もあるし、繋がらない場合もあるから。絶対はないよ。

でも、たとえ、会わなくたって、たとえ、全部忘れてしまったとしても、魂には大切な記録がちゃんと残っている。親子だったことも、何をしたかとか、こんな出来事があったとか……ちゃんと残っているからね。大丈夫!
たとえ、自分が忘れてしまっても、一回会ったからには、そう簡単に縁は切れないもの。

魂にはちゃんと残っているの。
親子だった時の大切な大切な思い出が……。

Q 11

kamisamani doushiteno kikitai 30nokoto

> お祈りや、神社にはいかなきゃだめ？
> ご利益って誰がきめるの？

ドゥーガル

神社、教会のような神聖な空間は、人間が創り上げたものだよね。だから価値がないと言っているのではないよ。むしろその逆。神社や教会で、繰り返される人間の「祈り」こそ、この場所を神聖にしているゆえん。だから、それらの場所はパワースポットに間違いないし、私たちの持つパワーはそれほどに偉大なものなんだ。

神社や教会は、神聖なるエネルギーに私たちがアクセスするのを助けてくれるね。この場所で非常に多くの人たちが祈り、唱え、瞑想を行ってきたから、それが可能なんだよ。

その行為自体が「神聖」そのものだということだね。そのエネルギーがとても心地良く、このような場所が、高次のエネルギーと繋がるのを助けてくれるなら、あなたが神社や教会に行くことを、私は積極的に勧めるよ。

仮に、あなたが宗教的な繋がりを一切持っていない人だったとしても、瞑想したり、内省したりするために、そこは素晴らしい場所になる可能性があるよ。どういうことかって？「パワーは人間の意識から生じる」ということ。つまり、あなたがその場所を神聖な場所だと思えばそうなる、ということさ。

本物のスピリチュアルな覚醒は、オフィスや住まい、そこがどこであったとしても、あなたが「自分の好きな場所に、神聖なエネルギーを創り上げられる」ということを知ることから始まるものなんだよ。

Q 12

kamisamani doushitemo kikitai 30nokoto

亡くなった人とも繋がりあえる？
身近に感じる方法ってある？

ドゥーガル

ミディアムシップ（霊界との交流）や、今は亡き愛する人たちとの交流は、誰にでも経験できることだよ。才能あるミディアムのセッションを受けることも、たしかに大きな癒しになるけど、亡くなった人を身近に感じる方法は、他にもあることを覚えておいて。

世間ではミディアムを、霊界と繋がることができる特別な才能を持つ人たちだと思っているけど、それは誤解だよ。元々いた場所へ還っていき、本来のエネルギーそのものの姿となった家族を、私たちはもっと身近に感じることがで

きるんだ。私たちの愛する人たちは、常に彼岸から私たちを導いている。彼らと繋がるシンプルな方法を教えるね。

寝る前に、あなたが話したい家族の写真を用意してほしい。そして枕元にメモを1枚置くんだ。目を閉じて2～3回、深呼吸をしながら、その人へのあなたの愛を胸に抱くこと。そうしたら目を開いて、その家族に短い手紙を書きましょう。まるで、その人が外国にいるか、長い旅に出ているかのように、聞いてみたいいくつかの質問を投げかけてみて。そして、返信をあなたが楽しみにしていることを、名前とともに記すことも忘れずに。その後2～3週間の内に、必ずその亡くなった人の夢を見るはずだよ。

その人たちはあなたの質問に答えてくれることもあれば、ただあなたの夢の背景を漂っているだけかもしれない。それでも彼らはこう言っているよ。自分たちはいつも、あなたと共にいて、あなたにメッセージを送っている、と。それを伝えたくて、夢に出てきたんだよ、と。

Q13

魂を輝かせるために、
心がけることや、
した方がいい習慣ってある？

ドゥーガル

私たちの魂を輝かせるためには、自分らしい、まさに「これぞ自分自身の人生」と言える生き方をしなくてはならないよ。正真正銘の自分でいられると、最も早く、深く、学びを得ることができるから。

それなのに、大半の人たちは、自分が本当にしたいことではなく、社会や家族といった外側の世界の期待に応えるべく、勝手にイメージを抱いて、偽りの自分を振る舞うんだ。それは、とんでもない過ちだよ。

魂を輝かせて生きるのであるならば、他人のマネをするよりも本来の自分の姿を見つけ、それを行動に移すべきだよね。

私たちが——弱点も強みも含めて——自分の真実を生きる時、その瞬間こそ、魂がいちばんまぶしく輝く時。

そのための勇気を、決して失わないことだよ。

Q 14

悲しい出来事がめぐってきたら、
どう考えればいい？
なぜ起こるの？

ドゥーガル

世の中には、ただ経験するだけで祝福と言える感情がたくさんあるよ。悲しみや虚しさ、憂鬱感さえも、余すことなく人生を生きる人たちに必ず現れる、大切な感情だ。

ひょっとして、スピリチュアルな人物や、幸福に生活する成功者に、「重苦しい」「沈鬱な」感情なんてあるはずがないと思っていない？ いや、そんなことないよ。最も成功し、やる気に満ちて社会的地位を得た人でも、不幸せな気分になる時はいくらでもあるんだ。

もし私たちが悲しみを全く経験しないというなら、幸福な気分を感じられる素晴らしさも実感できないだろうね。それに感謝することすらないだろう。

悲しみから学ぶレッスンは、実にたくさんある。

悲しみが私たちに愛と感謝を教え、私たちに人生を変える勇気を与えてくれるんだ。私は、悲しみを問題ではなく、メッセンジャーとして見なすようにと、ことあるごとに勧めているよ。

もう一度言うけど、悲しい体験や重い感情はメッセンジャーそのものだよ。それらは、人間の感情について、私たちに教えてくれるだけではなく、その対処法を学ぶ機会をも与えてくれているんだ。悲しみから癒される方法を学ぶ体験は、愛を知る魂の学びそのものだよ。

すみれ
なぜ起こるか……それは、人は経験しないといけないから。

人生は経験するためにあるから。

幸せな経験だけの人生だけだったら、一見楽しそうに見えるけれど、魂的にはそれじゃダメなんだ。悲しいことも経験しなきゃダメなんだ。悲しいことも魂的には、魂を磨く大切な経験なんだ。

悲しいことがめぐってきて、悲しくなったら泣いていい！「我慢しろ！」なんて言わない。悲しいなら悲しいを感じて。

そのまま、素直に感じればいいの。我慢する必要なんてないんだよ☺

Q 15

kamisamani doushitemo kikitai 30nokoto

神様がいちばん
喜んでくれることって何？
逆に嫌がられることって何？

すみれ

かみさまがいちばん喜ぶことは簡単だよ。ただ、「笑って幸せにいること」意外でしょ。

かみさまは、あれやれ！ これやれ！ これダメ！って押し付けてこない。「せっかく地球に生まれたんだから、幸せに生きなさい」って、ただそう言ってる。

かみさまが嫌がるのは、その逆。
「幸せに生きていないこと」。

嫌がるっていうより、もったいないって思ってる。だからって、無理して笑って幸せそうにするのはダメ！

そんなの、かみさまには全部お見通しだよ。
かみさまは全部わかっちゃう。
本当の幸せじゃないとダメなんだ。

でも、どうしても「幸せに生きられない」っていう人も、きっといるよね。

でもね……ちょっと考えてみて。ちょっと周りを見てみようよ。幸せはちゃんとあなたの周りにあるはず。
ただ、あなたが見逃しているだけ。

幸せは自分から取りに行かなくちゃ！
幸せをつかみ取って、今世、幸せに生きようね。
せっかく生まれてきたんだからね☺

Q 16

kamisamani doushitemo kikitai 30nokoto

自分に自信が持てない時、自分が嫌いな時、どうしたらいい？

ドゥーガル

自分に自信が持てるかどうか、を問うこと自体、エゴの幻想に過ぎないよ。だって、全ての魂が、自己信頼の能力をすでに持っているのだから。

本来、私たちは揺るぎない自信を持って、この惑星に生まれてきたんだ。その後、私たちを「自信」の感覚から引き離させたものは、私たちを取り囲む環境に他ならないね。

生まれつき持っていた「自信」の感覚に、もうまったくアクセスできないほど、乖離した状態になっているのなら、自ら

の本当のエネルギーを取り戻す時が来ているよ。

そんな時、ポジティブなアファメーションを繰り返すことはきっと役に立つはず。まず心の底から信じられる何か良いことから唱えてみるといい。それをアファメーションの土台にしていくんだ。

たとえばこういうこと。
あなたが自分の外観に不満があるなら、「私はきれい。私はきれい」というアファメーションから始めてはダメ。心の底から信じられるものでなくては意味がないんだ。たとえばこんなシンプルなことから始めるといいよ。

「私は料理が上手です」
「私は美しい字を書きます」
「私は友人を大切にします」
「私は人情を大切にします」

当たり前だと思っていること、たやすいと思っていること

で構わない。人生の真価って実はそんな所にあるのだから。一旦、自分に小さな真価を見つけたら、その種に水やりを続け、花を咲かせる時を待つだけだ。じっくり焦らずに自己信頼を育てること。それがあなたに、本来の自分を思い出させることに繋がっていくよ。

すみれ

まず、自分を認めること！　やっぱり、自分が嫌いな人や、自分に自信がない人って、自分を認めてないでしょ。「私はダメだ！」って思い続けてる。

でも、ダメじゃないんだよ。間違ってないんだよ。
まず、人と比べるのをやめてみたら？

まずは、自分自身を見るの。自分に自信が持てない人って、実はすっごい頑張り屋さん。いつも上を目指してる。だから、人と自分を比べてしまう。でも、やっぱり、人にはできても、自分にはできないことがある。でも、自分にしかできないこともあるでしょ。それでいいの。それでいいんだよ。

Q17

kamisamani doushitemo kikitai 30nokoto

「人間」にとって、いちばん大切なことって何？

ドゥーガル

人間が理解すべき最大の学びは、「愛のパワー」に間違いないよ。あの名著「A Course In Miracles / 奇跡のコース」はこのことについて詳しく教えてくれている。私たちの人生の恐れと愛の関係を比較しながら。

多くの人たちが愛の意味について語るけど、これが何を意味するものか、理解できなくなることが人生にはあるんだ。

「肉体を与えられる以前、私たちは全て、同じエネルギーで創られていた」という事実を忘れ去ること——この世に誕

生する時、私たちはこれに同意してきた。私たちがそれを忘れなくてはいけない理由は、この人生で価値ある学びを得るためだよ。そう、私たちが「恐れを受け入れる」という学びを得るためなんだ。

自分の肉体の向こう側にある深遠を覗くことができなくなる時、人は人生を恐れるようになる。それが愛を遮断するよね。私たちの魂が愛でいっぱいに満たされていた時には、宇宙の英知と完全に繋がり、「親切」「慈愛」「共感」の心で、お互い触れ合っていたのに、なぜ人と自分を比べたり、羨望や嫉妬の感情を持ってしまったのだろう？

これこそ生まれ落ちた後に、この人間社会で得た感覚に他ならないよ。「恐れを受け入れる」という学びを経て、私たちは元々同じエネルギーでできていたことを思い出すのだけれど、そのゴール地点を忘れている状態が、羨望や嫉妬に他ならないんだ。だって、私たちが生まれた時には、自分を他人と比べなければならなくなるとは、まったく考えていなかったんだから。

羨望や嫉妬の感情は、私たちをそれぞれ別の存在と見なす意識の産物だよ。生まれた時の私たちは、自然で、オープンで、慈悲深く、互いへのサポートの心を持っていたのに、この地球で成長していく過程で、私たちは競争心を持つように教えられ、この世界の富には限りがあると社会から告げられてしまったんだね。

無垢な存在である幼い子どもたちは、少しも躊躇せず、戯れて交流しあうよね。彼らはお互いの家庭の収入や、宗教や、政治的視点なんて意に介さない。ただただ戯れ、その瞬間だけを生きている。それと同じ英知は全ての大人のハートに存在しているのに、時にそれを、恐れから忘れてしまうんだ。ただ単に私たちは、その「知っている状態」に戻るべきなのにね。

すみれ
笑って楽しく幸せに生きること！
人生は経験するためにあるけど、やっぱり幸せに生きなきゃ始まらない。

幸せに生きることは良いことなんだよ。
大切なんだよ。
幸せに生きていいんだよ。

だって、せっかく生まれてきたんだもん。
楽しく生きなきゃ輝かないよ。

人間にとっていちばん大切なのは、ただ笑って幸せに生きること。それだけなんだ☺

Q 18

なんで犯罪者って、でてくるんだろう？

ドゥーガル

犯罪者が現れるのは、この世に「自由意志」というものが存在し、影響力を持っているからなんだ。

私たちの魂は、この地球にやってくる時に、地上で自分たちが、どう振る舞い行動し、他の人々とどう関わり交流していくのか、自分自身の意志で選択できる自由が与えられている。
たとえば、何か行動を選択する時、一見より簡単で楽で、得をすると思える方法を選択したつもりが、結果的にその人に大きなチャレンジをもたらすということがある。多くの

場合、犯罪行為というのは、そのような安易な選択によって生まれるものなんだ。

愛、光、そして神のようなエネルギーの延長線上に、魂は創られるんだけど、魂が人間の体をまとう時、そこに「意識」が同時に宿るんだ。
この「意識」というものは、とてもクリエイティブな特性を持っていて、そこから生まれる「自由意志」の使い方によって、その後の人生を様々に展開させる可能性を持っている。

だから、犯罪というのは、神のエネルギーに創られたというよりも、私たち人間が、自分自身で選んだ、愚かで哀れな選択から生まれたものと言えるんだ。

Q 19

kamisamani doushitemo kikitai 30nokoto

資本主義社会が、地球や環境を破壊している。このままで大丈夫かな…

ドゥーガル

この質問に対しての答えは、厳密に言うのであれば、今現在はまだどうなるか未知数であり、未来はまだ決定付けられていないと言えるだろうね。

宇宙は私たちの注意を喚起するために、最初は徐々に囁きかけ、そしてだんだん大きな声で叫んでいると、私は強く感じてるんだ。

今のところ、とても残念なことに、世界の多くの地域では、母なる地球（マザー・アース）に対して気を遣ったり、配慮

するよりも、自分たちの欲を優先させているように思う。

宇宙は大きな自然災害や、地球上に様々な出来事を起こして、私たちに気づきを促し、警告を発し続けている。私たちがこれらの事象、宇宙からのメッセージをどう受け止め行動するか、そこに今後の地球の未来はかかっているんじゃないかな。

私は、今の若い世代の人たちは、こういった宇宙からのメッセージに対して、他の世代の人たちより、もっと聞く耳を持ち、受け入れることができると感じているんだ。私の予測では、きっとこの若い世代の人たちが中心となって、地球をまた元のように、ひとつの統合された本来の地球の姿に戻してくれる、そのための行動をみんなが一丸となって起こしてくれるに違いないと思ってるよ。

Q20

kamisamani doushitemo kikitai 30nokoto

人と比べたり、ねたんだり、うらんだり、
なんでそんな感情を持って
生まれてきたの？

すみれ

感情は、この地球に存在する全てが持っている大切なもの。

やっぱり感情って、幸せな感情だけじゃないよね。
人をねたんだり、うらんだり……そんなこともある。
でも、この感情って生きるためには、必要な感情なんだ。

ねたんだり、うらんだりって感情がないと、きっと、自分が
頑張れない。だって「うらやましい」って感情は、自分より
他人ができると思うからうらやましいんでしょ？

そういう「うらやましい」人がいるから、その人の上を行こうとして頑張れる。うらやましいって感情は、自分を高められるすごくいいエネルギーなんだ。

感情って、見方を変えてみれば、意外にいい感情だったりするんだよ。一見、ネガティブに見える感情が、魂の年齢をちょっと上げるのかもしれないね。

Q21

「人間」は神様になれる？
神様はどこからきたの？

ドゥーガル

このことに関して、まず第一に私たちが思い出さねばいけないことは、私たち全員がもともと神の一部で、神から分かれてきたものであるということだね。

でも、人間の脳というのは、私たちが「何かをしなければいけない」「何かを見つけなければならない」「神のような、何か然るべき存在にならなければいけない」という幻想を創り出しがちなんだ。

でも霊的な真実はね、私たちがこの世に生まれ、この地上を

歩き始めた最初の日から、私たちはずっと、神から分かれたいわば分身として、すでに完璧な存在としてあり続けているということなんだ。

自分がすでに神の一部であったということを自覚すると、当然、大きな責任意識が生まれてくると思う。

私たちが、自分たちの内に神性を宿しているならば、私たちが神の分身であるならば、私たちは日々、自分がどのように振る舞い、行動し、どのように人と付き合い、自分自身がどのような選択をし、決断をするのか、常に気を配らねばならない。

これが神の分身としての私たちに求められることだと思うんだ。

Q22 幸せって、どういうこと？

ドゥーガル

まず幸福の意味を定義しよう。私にとっての幸福とは、マインドと魂の安らぎを指すんだ。ところが、「幸福」を探していると言う多くの人が、その実、エクスタシー、あるいはトキメキを手にしたくて努力しているというケースもよく見かけるよ。こういう感覚って、手に入れても立ち所に消え去ってしまうもの。それにあまり頻繁に経験すると、それこそ消耗してしまうものでもあるんだ。

たとえば、自分の結婚式や子どもができた時、もしくは大勢の人の前で名誉ある賞を受けた時、あなたが感じるであろ

う高揚感を想像してみてほしい。これらの素晴らしい瞬間には確かに生きている喜びを感じるはずだ。でもそれは、本当にまれな機会であって、日常の体験ではないよね。

そうではなく、幸福とは、日々に起きる平凡な経験から感じる満ち足りた気分のことを言うんだ。川辺を散歩する時、美しい木々を目にしたり、親友と食事に行ったりする時、私はとても幸福を感じるよ。自分が他の誰かに親切にしたり、誰かに親切にされたりした時も同じくね。

私はできるだけたやすく幸福を感じられるよう、意識して過ごしているんだ。そうすれば、幸福が幸福を引き寄せてくれるから。自分にとって何が幸福を感じさせてくれるのか理解し、できるだけ「今」に意識を向けていれば、どうしたら自分を安らぎに導けるのか、私たちは学べるはずさ。

本当の幸福とは、魂が満足して安らかな状態のことを指すものなんだ。

Q23 過去、過ちを犯してしまったら、どうやって償えばいい？

ドゥーガル

過去に犯した過ちを償うためには、まず真実を自分で認めるということが何よりも大切なこと。
宇宙が私たちに期待しているのは、私たちが心の底から、自分が本当に悪いことをしてしまった、という自覚を持つということなんだ。

そして、私たち人間には、自分が過ったことをしたと認めた瞬間、許しを求めるのであれば、許しはすぐに与えられるものなんだ。もし罪を償いたいと思うのであれば、まずは、あなたの真実を明らかにしてごらん。

Q24 明るい気持ちなれない時、落ちこんじゃう時、どうしたらいいの？

ドゥーガル

人間なら誰しも、悲しい、絶望した、あるいは少し落ち込んだ気分になることがあるもの。

これだけは言っておくよ。
もし、「誰も自分を助けてくれない」という想念が脳裏をよぎったとしても、決してひとりぼっちでないことを覚えておいてほしいんだ。

そういう瞬間にこそ、まず自分のフィーリングに素直になること。幸せとは思えない時、幸せなフリをしてもうまくい

かないから。そういう気分になってしまった時は、まず、今の環境を変えることから始めてみよう。とてもシンプルな行いが、私たちの魂に幸福感を呼び戻してくれることがよくあるんだ。

たとえば、
長い時間をかけて公園を散歩する。
お風呂にゆっくり入る。
素敵なカフェでおいしいお茶を一杯、自分に御馳走する。

こんなシンプルな行動が、私たちのエネルギー・フィールドをクリアーにし、幸福を呼び込んでくれることがあるよ。

Q25 戦争はなくならないの？

すみれ

それは、まだわからない。戦争はなくならないかもしれないし、なくなるかもしれない。まだハッキリとどっちとは言えないんだ。

この先、それを左右するのは、この地球に住んでいる私たちひとりひとりの意識次第なんだ。たとえ、ひとりひとりの力は小さくたって、その一人が、二人になって、三人になって……、増えていくほどに、いずれすごく大きな力に変わっていく。

ほんの小さなことでいいんだ！

あなたがやれることからやっていけば、大きな力にいつかなるから！

ひとりひとりの力って、本当は大きなパワーがある。
それを忘れないでいることが大事なんだ。

Q26

動物は食べてもいいの？

すみれ

これはかみさまによって意見が違う。面白いよね。

「食べていい！」って言うかみさまもいれば「ダメ！」って言うかみさまもいるんだよ。

でも、どちらかというと「食べていい！」って言うかみさまのほうが多いかな。なんで「食べていい！」って言うかみさまの方が多いのかというと、「動物も食べられることに納得しているから」だって言うんだ。

どういうことかというと、動物に生まれる魂は、自分が食べられるということにOKしている……ということなの。

ちょっと不思議な話だけど、だから、「食べてもいい」って言うかみさまが多いんだね。

Q27

kamisamani doushitemo kikitai 30nokoto

「人間」として、ぜったいしちゃいけないことってある？

ドゥーガル

自分自身を制限することだね。人間はありとあらゆることをして、自分自身のパワーを制限し、自分自身の真実を伝えるということを怠ってきたんだ。その結果、自分自身の力を表現することができない状態を創ってしまった。

宇宙は私たちが、オープンで、ありのままで、自由であること、それだけを望んでいる。
私たちが、自分を制限し、自分自身を狭いところに閉じ込めてしまうことによって、私たちは神聖なエネルギーと繋がる、その素晴らしい機会を失ってしまうことになるんだ。

81

Q28

かみさまに どうしても ききたい 30のこと

堕胎ってゆるされるの？
あかちゃんは納得してるの？

すみれ

堕胎（中絶）は、それを納得している子と、納得していない子がいるよ。その子によって違う。

でも、どちらかというと、納得している子のほうが多い。だって、お腹の中に入ったってことは、そのママのことが好きだから入ったわけでしょ？ だから、その大好きなママが決めたことだから……って納得している子が多い。そして、それでもやっぱり、ママのことが大好きだから、上の世界に行っても、そこでママの応援団になる子もいる。すごいよね！

魂はすごく頭がいい。だから、ほとんどの魂は、最終的には私たちの理解を超えた納得のしかたをする。

中絶をしたママたちの中にはきっと、何年たっても苦しみ続けている人もいると思う。

でも、前向きに考えてみて。

「あの子は私を応援してくれている」って考えてみたら、どうかな？　たとえ今、その子が他の所で生まれていたとしても、きっと、その子の魂は、今もあなたのことを応援しているよ☺

Q29 罰が当たるって本当にある？

すみれ

罰が当たるってことは、本当にある。でも、罰ってかみさまがやっていることじゃないんだ。実は、罰は、自分の心がやっていることなんだ。

罰は、悪いことをしたら当たるでしょ。
心は、本当に、良いことと、悪いことをちゃんと知っている。

たとえ、その人が悪いことをした人であっても、その人の心も同じく悪いかというとそうではない。

自分が悪いことをして、自首する人っているでしょ。
きっとそういう時、心と自分の気もちが一緒になったから
自首してくるの。

心は、いつもちゃんと私たちに教えてくれている。
本当に大事なことを。

Q 30 kamisamani doushitemo kikitai 30nokoto

一見、人は不平等に見えるけど、
神様はそれでいいの…?

すみれ

この地球は、様々な人が存在する。お金持ちの人、そうでない人……。本当にいろいろな人たちが存在している。

かみさまたちは、それに対しては何も思っていないんだ。

だって、お金持ちの人たちは頑張って這い上がってきたんだもん。悪い方法でお金持ちになった人たちは、一時、お金持ちになるけれど、そのうちちゃんと罰がくだるからね。

お金持ちでない人の中には、自分はどうせお金持ちにはな

れないと諦めてしまう人もいる。そういう人を見守っているかみさまだって、その人を幸せにしてあげたくて見守っているけれど、結局その人が行動しなきゃ何も変わらない。

かみさまの気もちだけではどうにもならないんだ。

お金持ちになりたい人、何か秀でた存在になりたい人は、自分からまず、行動しなきゃね！

ドゥーガル・フレイザー　かみさまのはなし

聞き手　穴口 恵子

どうやって神様と繋がるのか、神様とどんな方法でおしゃべりしているのかお聞きします。私たちが、日々生きるなかで、疑問に思うような「目に見えないこと」「人生や世界に関すること」をざっくばらんに聞いてみたいと思います。

あなたはどうやって神様と話せるのですか？
ドゥーガル　世間から、神のエネルギーと繋がることを、とても難しく偉大な技だと思い込まれている、そんな印象を持っているんだ。でもそれは幻想だよ。私の場合、神のメッセージを受け取ることは、本当にシンプルな日常の出来事でしかないのだから。

たとえば道を歩いていて見知らぬ人と笑顔でアイコンタクトしたりすること……そんなシンプルなジェスチャー（意思表示の行為）が、私に神を思い出させるんだ。あまりに何気ない行為だから、つい見逃しがちだけど、こういったものこそワンネスとの繋がり——世界そのものとの繋がり——なんだね。そしてそれは誰もが経験していることなんだよ。

神様には形がありますか?

ドゥーガル　私は、神をエネルギーそのものと表現しているけど、そのエネルギーのシェイプについて感覚を研ぎ澄ましてみると、それは確かに「人みたいな」形をしているね。でも考えてみてほしいんだ。これはすごく深遠な示唆に富んでいるよ。得てして人は、自分たちの外側の世界に神がいると考えがちだけれど、人間である私たちこそ、もっと我々自身の中に大きなパワーが存在していることを思い出すべきなんだ。その意識を持つだけでそこに近づく、つまり、今よりもっと大いなるものとの一体感(ユニティ)を感じられるはずだからね。

神性をどのように感じているのですか?

ドゥーガル　生きているものの周囲に、エネルギーや光の存在を見る能力があるんだ。正確に言うと「見る」と「感じる」、両方の感受性でそれを捉えているよ。私が、人間の中に神を見る時、どのように感じるかというと、たとえば、瞳の奥の煌めきだったり、火花のような才気といった、「生命力」「狩り立てる力」「パッション」として感じているんだ。

つまり神の息吹を人間の中に見つける感覚だよ。
神様のメッセージを受け取る時には、少し違う方法の時もある。言うなら、自分の声の中に、自分とは違う高次の存在の声が混ざっている感覚。その声は私のものよりもずっと奥ゆかしく、より愛が溢れているように感じるよ。その神の声をキャッチしてこうして伝えているんだ。

神性が目に見える時、どのような色に見えるのですか？
ドゥーガル　人間が皆共通にまとっているひとつの色があるんだ。そのカラーは魂を表していて、私がエネルギーの見方を教える時、まず最初に見つけるべき対象だと教えているよ。すごく説明するのが難しいんだけど、白と穏やかな黄色の混ざったような色で、後光とか白熱光みたいな、そんな印象で目に見えるんだ。

それは、オーラみたいな感じですか？
ドゥーガル　うん、そのとおり。それを誰でも持っているんだ。

と言うことは、あなたは人間と神様のエネルギーに区別を
つけていないんですか?
ドゥーガル　はい。すごく言い方が難しいんだけれど、人間
は誰でも、自分の中に神の存在を感じていると思っている
んだ。だから、私だけがそれを感じると思われるのは、すご
く葛藤を覚えるよ。私が言いたいのは、自分の内に神がいる
というのはごく自然なことで、私だけがそれを見ることが
できると思われるのは、どこか独善的なことだと感じると
いうことなんだ。

どんな種類の神様がいるんですか?　年をとった人でしょ
うか?　それとも若い人?　たくさんいるものですか?
日本の神様や外国の神様など、国籍や人種はどう見えてい
ますか?
ドゥーガル　私もすみれちゃんくらいの年齢の時に、夢の
中で様々な神の映像を見ていたんだ。彼らは様々な「顔」を
持っていて、次から次へと姿を変えていった。ある時、夢の
中で、私は「なんで顔を変えているの?」と聞いてみたん
だ。

その時、私が受け取ったメッセージとは「脳が様々なアイデアとイメージを結びつけて映像にしているだけで、結局は全ての源（ソース）は同じなんだ」というものだった。たとえば私たちが「神＝愛」という概念を思い浮かべると、即座に脳は「その愛ってどんなもの？」と意識に問いかけてくる。それに応えるために、スピリットは理解できるようなイメージや、視覚的根拠を創りだしては脳に理解させているんだ。だから様々に形が変わっていくんだね。

あなたが見ている神様とイエス・キリストは別なものですか？

ドゥーガル　う〜ん、ある意味ではキリスト教徒として育てられたけど、我が家はあまり熱心な実践的信者ではなかったんだ。今、私の住まいには、ブッダ、シバ神、イエスやマリアの絵や像が飾ってあるしね。私にとっては、あらゆる聖なる存在を表現したアート、どれも全て、神を偲ぶ対象だし、全てが同じソースから来ていると考えているよ。家の扉にはマスーズ（ユダヤ教のお守り）が架けてあり、クリスマスツリーも飾るし、他の聖像もいっぱいあるんだ（笑）。

人間へ神様から伝えたがっているメッセージは？
ドゥーガル　いちばん大きなメッセージのひとつは、「人々が必要とする英知とは、すでにその人自身の中にある」ということだね。

人間社会で、神事にまつわるものや御神酒など、神聖なものと見なされている事物と、神様との繋がりは本当にあるのですか？
ドゥーガル　そう思っているよ。「お酒」はお祝いごとや、そこに人が集まる、つまり、魂が集まるという一体化（ユニティ）を表しているし。そうそう、神聖と言えば、面白い話を聞いたことがあるよ。多くの人たちが、「何か神聖なものに成長したい」と望みがちだよね。だけれど、多くのスピリチュアルな賢者たちに聞いたところ、向こうの世界にいると俗世の楽しみが恋しくなるらしいんだ。たとえば浜辺を散歩するとか、ソフトクリームを食べるとか、お酒もそう。そんなありきたりなことが恋しくなる。人間だからこそ、それを楽しめるんだね。そのありきたりな事実がどれほどパワフルなものか、私たちは忘れているのかもしれないよ。

そんな私たち人間が、もし、この地球の形あるものに神聖さを見い出すとしたら、それこそあなたが求めているものに違いないはず。それは伝えておくよ。

さらに言うと、もし、誰かの瞳に煌めきを見出したら、その人はその煌めきをその身に持っている証拠でもある。彼らは楽しそうに光を放ち、この世界にその喜びを表現している。人間とはすでにこのような神聖な存在なんだね。このことこそ、私がいちばん伝えたいことであり、最も伝えるのが難しいことでもあるんだ。

神聖ってとても身近なものだよ。たとえば神からのメッセージを受け取る時、人々はそのメッセージにすごく深遠で厳かなものを期待しがちだけど、たいてい神の答えはシンプルで、「あなたは愛されている」それだけで終わってしまう。ところが滑稽なことに、人間は「愛されるだけでは十分じゃない。それじゃ納得できない！」と常に不平を言いたがるんだ。人生をすごく複雑にしたがるんだね。神聖さなんて身近にあるものなのに。

なぜ神様はあなた方を選んだのでしょう？

ドゥーガル　自分が選ばれたと感じたことは一度もないんだ。ただ耳を傾けているだけだよ。真実はこうなんだ。「誰もが皆、選ばれた存在」だということ。

皆、神様の声を聞こうとしていないんですね？

ドゥーガル　まったくそうなんだ。困ったことに時として私もそんな時があるよ。

神様が言うことを理解できない場合もあるのでしょうか？人間の理性では。

ドゥーガル　神様の意見を理解できないというより、信じられないという感覚を抱く人は多いと思うよ。神様が、「あなたの好きなことをしなさい」と伝えても、私たち大半の大人は、恐れから行動をし、日々お金のために仕事をして、魂からの欲求に蓋をしながら社会関係を維持しているのだから。

それに慣れてしまうと、「好きなことをしなさい」というシンプルなメッセージは、これまでみずから選択してきた現

実を大幅にひっくり返してしまう可能性がある。それに人は反発に近い「疑い」を覚えるものなんだね。どこかで、神のメッセージに憧れと理解を覚えているにもかかわらず、その通りに行動できないのは、こんな理由からなんだ。

でもがっかりする必要はないよ。私は、このような会話をすることそれ自体が、宇宙や神を喜ばせる行為だと感じている。神性について疑問を持つこと、問いかけること、ひらめきをシェアし合うこと、それが人間と神様を繋げることになるのだから。

日本にこのようなテーマの本の読者が増えていることは良いことでしょうか？
ドゥーガル　私たちが奇跡について語るなら、奇跡を私たちは引き寄せる。私たちがスピリットやソウルのエネルギーについて話さないなら、私たちはスピリットやソウルのエネルギーから遠ざかって行く。これが真理なんじゃないかな。

神様から見て、人のやることでいちばんダメなことは?
ドゥーガル　私のこれまでの体験で唯一、あきらかに神様が嫌っていると感じたのが「依存症(アディクション)」なんだ。依存症というと薬物やアルコールを思い浮かべがちだけど、それは様々な形で現れるもの。人、権力、お金、セクシャリティ等、それこそいろいろな形で。

神様は環境破壊、地球破壊を良しとしているのでしょうか?
ドゥーガル　唯一、そのことが神や宇宙を悲しませている。たとえていうと、親が我が子に家を買ってあげたのに、子どもがそれを破壊して、大切にしていない状態に近いかもしれない。

スピリチュアルを好きな人が、いろいろなことを神様に尋ねるのは良いことでしょうか?
ドゥーガル　「尋ねる」という表現は、すこし違和感を覚えます。私の考えでは、神様からの声というものは、私たちの意識の静寂の中に、向こうから入ってくるもの。それなのに

多くの人たちは、テレビ、携帯電話、外界からの刺激など、とても騒々しい世界に生きている。もし私たちが静謐さや平安を自らの内に見出すのなら、神の声や神のガイダンスを否応なく耳にできるはずなんだ。その静寂の時間が、たとえ一日数分であろうと、日常のなかに平安を見つけ、耳を傾けることがこそが大切なんだよ。

それは、日本で流行っている瞑想みたいな？
ドゥーガル　私が日本のことが大好きな理由のひとつは、「静けさへの目的意識」とでも呼ぶべきものが、暮らしの折々に織り込まれているところなんだ。地下鉄でも人は静かで礼節がある。ニューヨークの地下鉄は、それと同じエネルギーではまったくないから。
日本にいると、偶然にも聖なる体験に出会うことに気づいたんだ。ちょっとしたところに寺があって人が祈っているとか……、そんなことはロサンゼルスでは絶対ありえない。日本には静寂と繋がる機会がそこかしこに存在している。このことには畏敬の念すら覚えるよ。

無神論者についてはどう思いますか？ それでも神様はとくに気にしない感じでしょうか？

ドゥーガル　うん、気にしません。まったくと言っていいほど。ただ、科学的観点から物事を論じてみた時に、最初のエネルギーはどこから始まったのかということは、いつまでも疑問の対象になり得ると思う。つまり、どうやって「無神」を証明するのか……。それは誰にも説明できない事柄であるだろうね。

人生の目的とは、あるミッションを果たすということでしょうか？

ドゥーガル　ええ、私は人間が誰でもミッションを持っていると信じているよ。繰り返しになるけど、多くの人たちはミッションを何か壮大なテーマでなくてはならないと考えている。「自分は医者になるべき」、「私は本を書く運命」のように……。でも実際は、もっとずっとシンプルなこと。ただただ、本来の自分に最も忠実であること、それだけだよ。決して外側にあるイメージに自分を重ねないこと。あなたらしさをハートから表現すること、ただそれだけなんだ。

神様から見ると、人は悩み過ぎなのでしょうか？
ドゥーガル　その通り！　困難は人間が創り出したものに過ぎないのだから。

神は愛だということですが、それを神様は、どんな形で人に伝えようとしているのでしょう？
ドゥーガル　私が考える、神の愛にいちばん近い地球上の愛とは、私たちが飼っているペット、犬や猫の持つ無条件の愛が、それに近いものだと感じている。彼らは天使的な無条件の領域に、いちばん近い肉体存在だと考えているんだ。

私には人間にそんな愛し方ができるものかわからない。ペットは神より天使に似ていて、神の延長のような存在だ。ペットはあなたの見た目を気にしないし、いくらお金を持っていようと、政治的意識がどうであろうと、体臭がきつかろうと（笑）、関係なくあなたを愛してくれる。彼らほど神に近い存在はいないんだ。

読者のみなさんのこれからの人生に、何か神様からのメッセージはありますか？

ドゥーガル　全ての人の内に神を見ること。そうすれば、その意識はあらゆるものに影響を及ぼしていくはず。お互いを尊重し、お互いを高め合うことで、いつの日か平和な世界が訪れることだろう。とてもシンプルなコンセプトですが、それを受容することが人間にとってはなかなか難しいことなんだ。

いまここで何か感じることはありますか？

ドゥーガル　もちろん！　どんな場合もこのような話をする時には、その場所は神聖なる空間になっているよ。

「自分には神様は見えない」と思っちゃいけないんでしょうか？

ドゥーガル　一見、そう思われるかもしれないけど、メッセージを受け取ろうという意識を持ち続けていれば、それはちゃんとキャッチできるはず！　神様に直接お願いすることすら可能になるよ。「サインをください」ってね！　彼

らはサインを送るのが大好きだから。そういう意味で、宇宙と私たちの世界とは、より混ざり合うことが必要かもしれない。そして彼らからのメッセージを私たちがしっかり受け取ってあげること。そんな人が増えるといいね。

たとえばタクシーに乗るたび、お気に入りの曲が、いつもラジオで掛かっているのに気がつくかもしれない。あるいはいつも同じ数字の列が、時計の文字盤やサインボードに並んでいるのを見かけるかもしれない。家の照明が妙に点滅するのを見かけるかもしれない。
それは皆、神様からのちょっとしたウインクなんだ。

読者の方もそれに気づいて欲しいんだ。そして、あなたは「ありのままでいい」のだと、「すでに繋がっている」のだと、伝えたいんだよ。

この本はどんな人に届けたいですか？
ドゥーガル　スピリチュアリティと神とのコネクションに関する、シンプルで遊び心に満ちたアプローチですね！

どこにもないユニークな本だから、気軽に手にとって、想像を巡らせてほしいんだ。想像＝創造だからね！

この本を創る上で、神様はどんなことを伝えていたのでしょう？

ドゥーガル　すみれちゃんも私と同じくらいの年齢でスピリチュアルな目覚めを体験したと聞いたよ。私はスピリチュアルについて話すよう、勧めてくれる母がいてくれたので恵まれていたんだ。だから神との繋がりを持ち続けることができた。ほとんどの人間は、生まれた時にはスピリチュアルなコネクションを持っていたのにもかかわらず、そこから引き離されてしまったんだ。それはとても残念なこと。その繋がりをみんなが取り戻してくれると、神様はきっと喜ぶはずだよ。

協力／穴口 恵子
　　　株式会社ダイナビジョン
装丁・本文Design／こだま研究園
企画協力／瀬尾裕美子
校正協力／大江奈保子
編集＆DTP／小田実紀

本書のご注文、内容に関するお問い合わせは
Clover出版あてにお願い申し上げます。

かみさまに、どうしても聞きたい 30のこと。

初版1刷発行 ● 2019年2月25日

著者

ドゥーガル・フレイザー　すみれ

発行者

小田 実紀

発行所

株式会社Clover出版

〒162-0843 東京都新宿区市谷田町3-6 THE GATE ICHIGAYA 10階　Tel.03(6279)1912　Fax.03(6279)1913
http://cloverpub.jp

印刷所

日経印刷株式会社
©Dougall Fraser / Sumire 2019, Printed in Japan
ISBN978-4-908033-24-7　C0011

乱丁、落丁本はお手数ですが 小社までお送りください。送料当社負担にてお取り替えいたします。
本書の内容の一部または全部を無断で複製、掲載、転載することを禁じます。